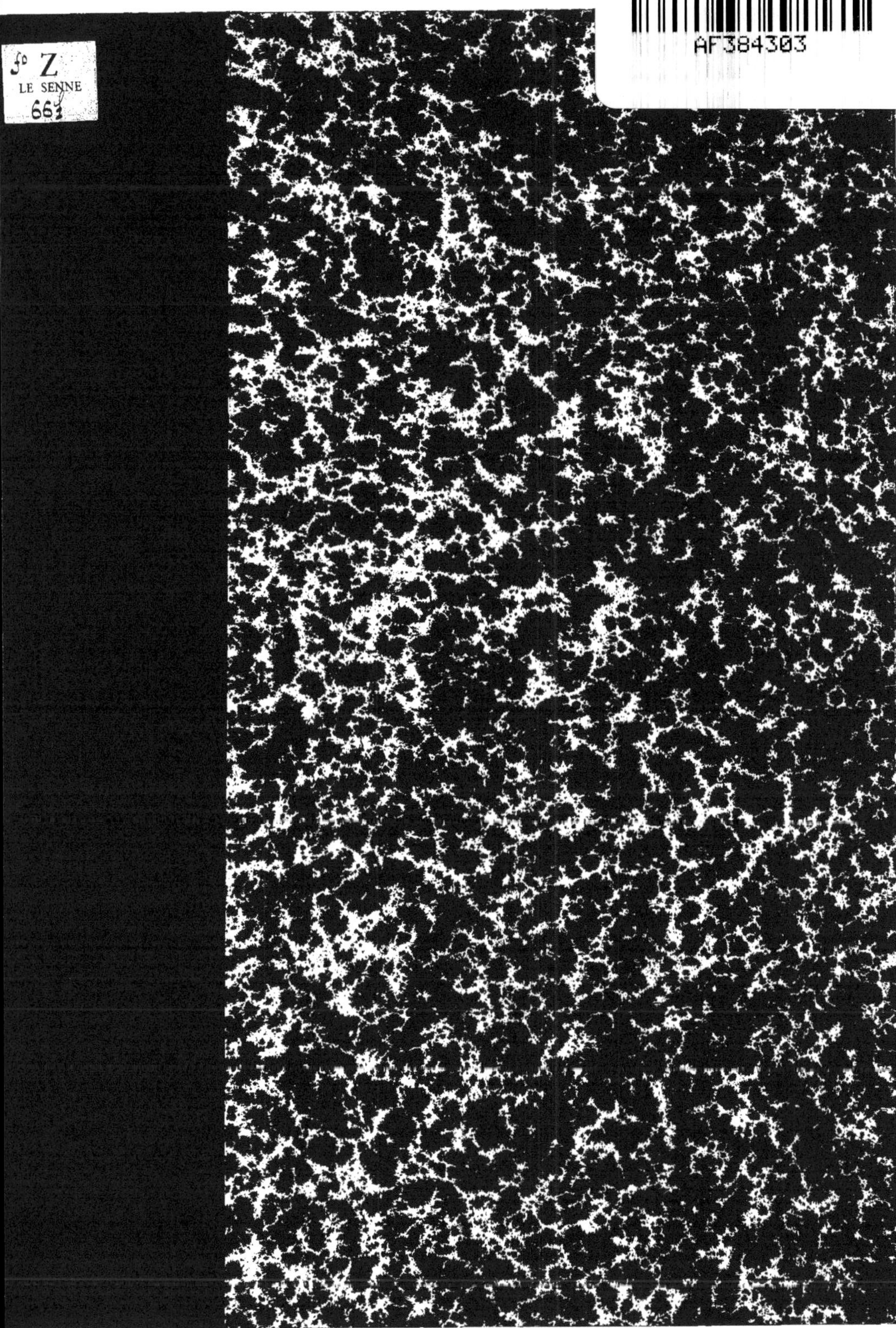

Paris appartient à la France entière. C'est
le centre de la puissance publique, le séjour du
Souverain, le siège de tous les grands corps de l'État
et de presque toutes les institutions nationales. C'est y
aboutit grandes routes, chemins de fer, télégraphes.
Tout en part : lois, décrets, décisions, ordres, agents,
les énergiques moyens de centralisation organisés
à Paris, de siècle en siècle, par les divers gouvernements
en ont fait l'âme de l'Empire.

à Paris, se rencontrent et se développent par un
mutuel contact, toutes les intelligences, toutes les
activités de la nation. C'est le foyer des lettres, des
sciences, des arts ; c'est là que s'élaborent les idées, que
s'exaltent les sentiments publics ; que les opinions, avec
les lumières, des pénétrations dubieux, courent aussi
avec les erreurs, les égarements, vont et grandis en
une heure, pour exercer au loin une irrésistible influence.

N'est il pas évident, dès lors, que, de tous les actes
d'administration purement municipale en apparence
qui peuvent s'accomplir dans cette belle cité, il n'en
est presque pas qui ne touche à quelques égards, le
Gouvernement ; la nation même, ou des intérêts de
telle importance qu'ils se confondent à peu près,
avec l'intérêt public ?

                                Gd B Haussmann

Conseil Municipal de Paris
(Séance du 28 novembre 1864)

Fol Z és Serre
   667

HAUSSMANN.

HAUSSMANN (George-Eugène, baron), Préfet de la Seine, Sénateur, est né à Paris, le 27 mars 1809.

Il est issu d'une très-ancienne famille, originaire de Saxe, fixée en Alsace il y a plus de trois siècles.

Son grand-père, qui habitait Versailles depuis plusieurs années, lors de la révolution de 1789, fut nommé député de Seine-et-Oise, d'abord à l'Assemblée législative, puis à la Convention nationale. Il remplit plusieurs missions aux armées et occupa, sous le Directoire et sous l'Empire, un poste élevé dans l'administration de la guerre.

Son père, né à Versailles en 1787, était Commissaire des guerres avant 1815; officier en demi-solde sous la Restauration, il a signé, comme co-propriétaire et rédacteur du *Temps,* la protestation du 26 juillet 1830. Après la Révolution, dont cette protestation est le premier acte, il est rentré dans le service de l'intendance, et a publié de nombreuses études d'histoire et d'administration militaires.

George-Eugène Haussmann, quand il eut achevé ses études, fait son droit, passé son examen de docteur et appris le détail des affaires chez un notaire, débuta dans l'administration, au mois de mai 1831, comme secrétaire général de la préfecture de la Vienne.

Il fut ensuite chargé successivement des sous-préfectures d'Yssingeaux (Haute-Loire), de Nérac (Lot-et-Garonne), de Saint-Girons (Ariége) et de Blaye (Gironde).

Nommé chevalier de la Légion d'honneur dès le mois de juillet 1837, pour le développement remarquable donné à l'organisation scolaire de l'arrondissement de Nérac, il devint officier de l'ordre en 1846. Ce grade était alors, comme aujourd'hui, bien rarement conféré à un simple sous-préfet.

Après la révolution de 1848, qui passa pour ainsi dire inaperçue à Bordeaux, grâce à la résistance énergique opposée par sa population aux commissaires du Gouvernement provisoire, M. Haussmann fit partie de la Commission administrative organisée pour remplacer le Conseil de préfecture, qui dirigea de fait l'administration du département jusqu'à la nomination d'un préfet. Il est à peine nécessaire d'ajouter qu'il exerçait une influence prépondérante dans le sein de cette Commission.

En janvier 1849, il fut nommé préfet du Var. Ce département était du très-petit nombre de ceux dont la majorité n'avait pas voté pour l'élu du 10 décembre. Il fallait y contenir énergiquement les passions révolutionnaires, que surexcitait le voisinage de l'Italie agitée par la guerre du Piémont contre l'Autriche, et surtout par la révolution romaine. M. Haussmann sut justifier la confiance que le Prince Président de la République lui avait témoignée en le plaçant dans ce poste difficile.

En mai 1850, il passa à la préfecture de l'Yonne, où le Président de la République eut encore occasion de remarquer ses services, l'Yonne étant un des premiers départements qui aient pris part au mouvement des idées napoléoniennes.

Le 22 novembre 1851, M. Haussmann devint préfet de la Gironde. Les événements du mois de décembre étaient dès lors prévus par le chef du Gouvernement, qui plaçait d'avance dans les plus grands postes les auxiliaires dont il estimait le plus le dévouement et la capacité. Bordeaux, contenu par une main ferme et connue, ne fut, en effet, troublé qu'un instant dans les jours qui suivirent le coup d'État.

On sait que c'est à Bordeaux, avec plus d'éclat que partout ailleurs, que dans le grand voyage fait en 1852, la pensée du Président décennal se révéla; le discours où il y parla des actes du prochain Empire est resté célèbre.

« L'Empire c'est la paix ! » disait-il. La France accepta avec joie les vastes perspectives d'une ère de travail où elle allait se reposer des orages de la liberté.

Parmi les œuvres qui devaient signaler l'activité du Gouvernement impérial, la plus importante sans doute, c'était la transformation de Paris. On ne pouvait en effet dominer les esprits qu'en occupant les yeux et les bras, et il y avait d'urgents travaux à entreprendre soit pour briser le réseau des vieilles voies où les insurrections se retranchaient, soit pour élever la première ville du monde moderne aux splendeurs que la civilisation du siècle avait préparées pour une telle capitale, et qu'il était du droit de la France d'attendre d'un Gouvernement soutenu par la popularité.

L'Empereur choisit, en 1853, le préfet de la Gironde pour être son lieutenant dans l'exécution de cette œuvre longue et difficile.

Le 24 juin 1853 lui arriva la dépêche télégraphique qui lui annonçait sa nomination à la préfecture de la Seine. Il répondit :

« J'ai lieu de craindre que mon expérience de l'administration départementale ne soit de peu de valeur dans le poste exceptionnel auquel je suis appelé. Mais j'appartiens sans réserve à l'Empereur, et, si périlleuse que je juge pour moi la situation nouvelle que Sa Majesté m'assigne, je l'occuperai, puisque telle est sa volonté, et j'y apporterai l'entier dévouement dont j'ai déjà donné plus d'une preuve. »

C'est avec une modestie plus fière que le préfet de la Seine parlera (6 juin 1861) lorsqu'il aura fait ses preuves et renouvelé la face de la capitale de la France avec bien plus d'ampleur qu'au siècle dernier, l'un de ses prédécesseurs à Bordeaux, l'intendant de Tourny, n'avait tenté de le faire pour la capitale de la Guyenne.

« La situation que j'étais appelé à occuper dans la capitale, dira-t-il au Sénat, ne ressemblait en rien à celle qu'avait prise à Bordeaux M. de Tourny. Je n'avais personnellement rien à projeter ici : tout était déjà conçu dans une pensée auguste ; le programme de mon administration était tracé et encore aujourd'hui je l'exécute pas à pas. Je n'ai donc rien à faire avec l'avenir : de toute façon mon nom doit périr avec moi. Dans sa justice, la postérité glorifiera l'Empereur de cette grande transformation de Paris dont j'ai déjà indiqué la portée politique et dont tout le monde entrevoit les résultats matériels ; mais, dès le début, il était facile de prévoir qu'une telle œuvre ne pouvait être poursuivie sans lasser promptement une population aussi mobile qu'impressionnable ; que des intérêts de toute sorte surgiraient à l'encontre ; que les hostilités politiques s'efforceraient d'en tirer parti, et que plus l'instrument d'exécution se montrerait sûr, plus on s'attacherait à le briser dans la main qui le dirigerait. D'ailleurs j'avais déjà assez éprouvé les hommes pour compter d'avance sur leurs injustices. »

Mais voyons quelle a été l'œuvre entreprise et exécutée. Voltaire écrivait en 1749 :

« Nous possédons dans Paris de quoi acheter des royaumes ; nous voyons tous les jours ce qui manque à notre ville, et nous nous contentons de murmurer. On peut, en moins de dix ans, faire de Paris la merveille du monde. Une pareille entreprise ferait la gloire de la nation, un honneur immortel au corps de ville, encouragerait tous les arts, attirerait les étrangers des bouts de l'Europe, enrichirait l'État bien loin de l'appauvrir. Il est temps que ceux qui sont à la tête de la plus opulente capitale de l'Europe la rendent la plus commode et la plus magnifique. Fasse le ciel qu'il se trouve quelque homme assez zélé pour embrasser de tels projets, d'une âme assez ferme pour les suivre, d'un esprit assez élevé pour les rédiger, et qu'il soit assez accrédité pour les faire réussir ! »

Cet éloge prophétique semble fait pour servir de devise à un récit enthousiaste de tout ce qui a été entrepris et exécuté dans Paris depuis quinze ans. Nous ne croyons pas que, dans un recueil comme celui-ci, il y ait autre chose à faire pour en esquisser l'histoire que de demander aux pièces officielles elles-mêmes les éléments de cette esquisse. Le Préfet de la Seine va donc lui-même nous mettre sous les yeux le tableau raccourci de ses actes et de ses pensées.

Et d'abord, à quel point de vue veut-il qu'on se place pour le juger comme il désire l'être ? Ce n'est pas en le considérant comme le maire d'une cité, mais comme le préfet d'un département, comme un homme d'État initié aux conceptions intimes de la politique du gouvernement, et Paris ne doit être considéré que comme la capitale d'un Empire éclos en un moment de l'histoire où les aspirations de la civilisation matérielle devaient être satisfaites avant tout.

« Si Paris est une grande ville, centre d'activité commerciale et industrielle, de productions spéciales, de consommations prodigieuses, d'échanges incessants, c'est surtout la capitale d'un grand Empire, le séjour d'un glorieux souverain, le siége de tous les corps par lesquels s'exerce la puissance publique de la France, le foyer universel des lettres, des sciences et des arts. Cette cité ne saurait donc avoir une administration purement municipale. L'État intervient et doit intervenir, plus ou moins directement, dans toutes ses affaires, car il concourt à sa splendeur, soit par les palais et les monuments qu'il y élève, les fondations et les musées qu'il y entretient, soit par une participation permanente aux dépenses de certains services, tels que la garde de Paris, la police locale, l'entretien du pavé, soit enfin par des subventions applicables aux entreprises d'édilité qui dépasseraient les forces contributives de la population. C'est un préfet de l'Empereur qui occupe l'Hôtel de ville et qui y remplit les fonctions administratives qu'exerce partout ailleurs le maire ; c'est l'Empereur qui nomme le Conseil municipal, institution élective dans les autres cités de l'Empire. »

Voilà le principe posé un jour ; il sera développé un autre jour, pour que l'idée directrice de tant d'entreprises ne soit inconnue à personne.

« Est-ce bien, à proprement parler, une commune que cette immense capitale ? Quel lien municipal réunit les deux millions d'habitants qui s'y pressent ? Peut-on observer entre eux des affinités d'origine ? Non. La plupart appartiennent à d'autres départements ; beaucoup à des pays étrangers, où ils ont conservé leur parenté, leurs plus chers intérêts, et souvent la meilleure part de leur fortune. Paris est pour eux un grand marché de consommation, un immense chantier de travail, une arène d'ambitions, ou seulement un rendez-vous de plaisir ; ce n'est pas leur pays. Des jeunes gens, accourus de tous les points du monde, y viennent suivre des classes, des écoles préparatoires, des cours de Facultés, ou étudier une profession dans les bureaux de la finance, dans les magasins du commerce, dans les ateliers de l'industrie ; mais c'est pour le plus grand nombre un lieu de passage : leur famille, leur maison paternelle, leur commune sont ailleurs. Des ouvriers, par centaines de mille, affluent à Paris pour chercher des salaires élevés, et amasser un pécule qui leur permette de se retirer ensuite chez eux. Parmi ceux qui restent, s'il en est beaucoup qui arrivent par le travail, l'ordre et l'économie à se faire une situation honorable dans la ville ; si plusieurs même s'élèvent jusqu'aux premiers rangs de l'industrie et s'ouvrent l'accès de toutes les positions, comme le prouveraient au besoin les listes anciennes et la liste nouvelle du Conseil municipal, d'autres, en trop grand nombre, ballottés incessamment d'ateliers en ateliers, de garnis en garnis, ayant pour tous foyers les lieux publics, pour toute parenté le bureau de bienfaisance auquel ils s'adressent dans le malheur, sont de véritables nomades au sein de la société parisienne, absolument dépourvus du sentiment municipal, et ne retrouvent au fond de leur cœur le sentiment de la patrie que dépouillé de ce qui le précise, le guide et l'épure chez les populations sédentaires. Je ne parle pas du grand nombre de fonctionnaires arrivés par avancement au centre de l'administration publique, ni des hommes d'intelligence que leur talent, leur génie ou leurs illusions amènent dans l'immense ville, pour y conquérir la renommée ou la fortune, mais qui ont leur point de départ et le but de leur vie en province. Ceux-là sont, pour la cité parisienne, quand elle peut les retenir, de précieuses acquisitions. Mais je ne saurais oublier cette masse, toujours renouvelée, de personnes déclassées, de gens à bout de ressources, d'inventeurs de combinaisons plus ou moins chimériques ou dégagées de scrupules, que poussent vers ce grand centre de population le besoin de l'oubli, un espoir vague de succès et de médiocres desseins. Voilà malheureusement quelques-unes des variétés de la population étrangère à Paris, qu'y versent chaque jour les têtes béantes des chemins de fer, dont les cent bras attractifs s'étendent et se ramifient sur toutes les parties de la France.

« Au milieu de cet océan, aux flots toujours agités et renouvelés, il y a une minorité considérable sans doute, des Parisiens véritables, qui formeraient, si l'on pouvait les discerner et les saisir, l'élément constitutif d'une commune ; mais, isolés les uns des autres, changeant avec une extrême facilité de logement et de quartier, ayant leur famille dispersée sur tous les points de Paris, ils ne s'attachent guère à la mairie d'un arrondissement déterminé, au clocher d'une paroisse particulière. Quel moyen auraient-ils, d'ailleurs, de se reconnaître et de s'entendre sur les vrais intérêts communaux ?

« Et alors même que les Parisiens proprement dits seraient, par quelque privilége renouvelé des temps du moyen âge, mis en mesure de se retrouver dans la ville, de se grouper pour choisir des mandataires chargés de leurs intérêts communaux, sauraient-ils toujours se tenir en dehors du vaste courant qui entraîne fatalement ici le suffrage universel vers le côté politique des questions ?

« Non, certes, par la composition de sa population, Paris ne peut être considéré comme une commune. C'est tout autre chose : c'est une capitale. »

De telles opinions ne peuvent évidemment satisfaire tous les esprits. Aussi n'est-ce pas sans éprouver quelque résistance que le Préfet de la Seine a pu marcher ; mais cette résistance n'a jamais été assez forte pour arrêter sa marche ; et il a dit souvent lui-même combien peu il tenait compte des obstacles (1).

(1) Nous croyons que, pour l'intérêt même de cette notice, il faut dire que les œuvres de la préfecture de la Seine n'ont pas été jugées avec une égale indulgence par ceux qui les ont vues surgir. Sans parler des critiques nées au jour le jour, le tableau de ces vastes entreprises et du système financier qui les soutient a été fait plusieurs fois de manière à montrer les ombres à côté des traits de lumière. Au Corps législatif, des discours fort habiles ont prouvé qu'il n'y a pas d'enthousiasme qui n'appelle la contradiction. Des économistes, des écrivains compétents, ont parlé comme ces orateurs : ainsi M. Léon Say et M. Paul Boiteau, dont les écrits sur les finances de la ville de Paris n'ont pas été sans produire de l'effet. Mais pas un des adversaires politiques ou scientifiques de la transformation de Paris n'a refusé de reconnaître les qualités éminentes de l'homme qui l'a exécutée ; et l'un d'eux même fait cet aveu qui n'est pas de nature à déplaire à ceux qu'il combat : « L'injustice me pèse. Je me hâte donc de dire, et je l'ai déjà dit, que la hardiesse de tant de mesures conçues, décrétées, exécutées ensemble, ne manque pas d'une vraie grandeur, et que, parmi le pêle-mêle de ces improvisations (je parle ici des grandes voies utiles, des jardins, des égouts, des dérivations d'eaux), il est des traits qui sont faits pour durer plus longtemps que nos satires et pour porter en effet à la postérité le souvenir de ceux dont ils sentent la main ; mais qu'à leur tour ils ne se plaignent pas d'un temps qui a été pour eux si plein de facilité et de clémence. Ils auront fait leur gloire à bon marché, puisque aucune résistance réelle n'a entravé le jeu de leurs volontés ni même de leurs caprices. »

Un moment, lorsque le difficile de la tâche fut abattu, nous le voyons se féliciter de ce que l'opinion semble lui être moins contraire. C'est en 1862. S'adressant aux membres du Conseil municipal, il leur dit : « Lorsque nous entreprenions il y a quatre ans à peine un ensemble d'opérations combiné de manière à réaliser la partie la plus urgente, mais une partie seulement de la transformation du plan de Paris, arrêtée dans les plus hautes régions du pouvoir, on trouvait cette résolution insensée ; et voilà que ce qu'on jugeait excessif alors ne suffit déjà plus. Ceux-mêmes qui se montraient, dès l'origine, le moins disposés à comprendre et à seconder nos travaux, qui nous accusaient de ne point compter avec le temps, avec les résistances, avec les préjugés, semblent aujourd'hui prêts à nous reprocher la lenteur, l'indécision, la timidité. Quand on est l'instrument d'exécution, l'organe militant, le ressort décisif d'améliorations méconnues, que les faits, triomphant de toutes les préventions, viennent enfin justifier, il faut une certaine force d'âme pour ne pas se laisser aller à la séduction du succès, et pour prendre le rôle de modérateur juste au moment où le courant de l'opinion s'en éloigne. »

Mais ne nous éloignons pas trop de l'ordre des temps. Le gros de l'œuvre ne pouvait être attaqué avec les ressources ordinaires de la ville de Paris, car nous allons voir tout à l'heure quelles sommes il y avait à réunir et à mouvoir. L'établissement de la Caisse des Travaux de Paris a mis à la disposition du Préfet les moyens dont il avait besoin. Le texte même des décrets qui l'ont instituée en explique le mécanisme. C'est l'une des créations qui marquent dans la carrière administrative de M. Haussmann.

Ce sont les décrets du 14 novembre 1858 et du 27 décembre suivant qui ont fondé la Caisse, dans ces termes : « Il est institué, sous la garantie de la ville de Paris et sous l'autorité du Préfet de la Seine, une Caisse spéciale qui sera chargée du service de trésorerie des grands travaux publics de la ville, et qui prendra le titre de Caisse des travaux de Paris.

« Cette Caisse sera chargée d'acquitter : 1° toutes les indemnités foncières ou locatives réglées, soit à l'amiable, soit judiciairement, par suite d'expropriations, d'évictions ou de dommages résultant de l'exécution des grands travaux qui sont ou seront entrepris par la ville, en vertu de décrets de l'Empereur ou d'autorisations ministérielles compétentes ; 2° les frais dûment taxés et les dépenses de toute nature régulièrement liquidées se rapportant aux mêmes travaux. Toutefois aucun payement ne pourra avoir lieu qu'en vertu d'un arrêté rendu par le Préfet de la Seine en la forme administrative ordinaire. Tout mandat devra, d'ailleurs, être appuyé des autres pièces justificatives que les règlements sur la comptabilité communale peuvent exiger. Ces pièces seront préalablement soumises aux mêmes vérifications et visas que celles qui accompagnent les mandats délivrés directement sur la Caisse municipale.

« Le Préfet de la Seine fera verser dans la Caisse de service : 1° le produit de la vente des matériaux provenant des immeubles expropriés ; 2° le prix des portions d'immeubles restant disponibles et cédés par la ville ; les produits divers se rattachant aux opérations pour lesquelles ladite Caisse est établie.

« La Caisse de service ouvrira un compte spécial pour chaque entreprise, et les sommes qu'elle aura reçues ou payées seront inscrites au débit ou au crédit de l'affaire qu'elles concerneront.

« Tous les trois mois, et plus souvent s'il y a lieu, un état de situation de ces divers comptes sera remis au Préfet de la Seine qui ordonnancera au profit de ladite Caisse, sur les crédits qui lui sont ouverts à cet effet par le Conseil municipal, soit dans le budget de la ville, soit par des délibérations spéciales dûment approuvées, telles sommes qu'il appartiendra à valoir sur le solde final de telle ou telle entreprise.

« Après l'achèvement complet de tout grand travail, un décompte général en sera dressé, et, après vérification, réglé par le Préfet de la Seine. Le mandat pour solde, qui sera délivré à la Caisse de service sur la Caisse municipale devra être accompagné de l'arrêté de règlement du Préfet.

« La Caisse des travaux de Paris aura la faculté d'émettre des valeurs de crédit pour faire face aux besoins du service de trésorerie dont elle est chargée, mais seulement dans la limite qui sera fixée, pour chaque émission, par une délibération du Conseil municipal, approuvée par décret. »

La loi du 11 juin 1859 a ajouté à ces dispositions celle-ci qui les domine : « Chaque année un article de la loi de finances fixera le montant des bons que la Caisse des travaux publics de la ville de Paris pourra mettre en circulation. »

L'acte le plus considérable de la transformation de Paris c'est son agrandissement. « Ce moment est solennel pour la ville de Paris et marquera dans son histoire. Elle s'agrandit et se transforme ; elle change de limites, d'aspect, d'organisation intérieure ; elle devient comme une cité nouvelle, sans secousse, sans difficulté apparente, et presque sans étonner les témoins de cette prodigieuse métamorphose. Cependant la grandeur d'un tel événement se manifeste par le seul exposé des comptes résumant les dernières années de l'ancienne ville et du budget de la ville naissante. Le contraste des recettes et des dépenses passées et futures, la proportion inusitée des évaluations, l'incertitude même des appréciations de l'avenir, tout fait mesurer par des chiffres l'immensité de l'entreprise. Elle s'achèvera, non sans efforts et sans dévouement de la part de ceux qui sont chargés de la mener à fin, mais avec calme, sûrement, heureusement, comme toutes les œuvres de ce règne. » Ainsi parlait le Préfet de la Seine en annonçant l'événement prochain. Il ajoutait : « Il ne s'agit à aucun degré de satisfaire des intérêts privés. Il n'est même pas question de faire prévaloir l'intérêt de la ville de Paris sur celui de moindres communes qui sont nées autour d'elle ; c'est le contraire qui est le vrai, et la prospérité financière de la ville s'est plutôt amoindrie, dans une certaine mesure, pour l'amélioration de ses nouveaux faubourgs, qu'augmentée par l'extension du cercle de ses perceptions diverses. L'intérêt le plus général et le plus élevé, celui de la sécurité publique, du bon ordre de la capitale de la France, de l'unité, de la force, de l'efficacité de son administration, est seul en jeu. Cependant, malgré ce motif de premier ordre, l'État procède-t-il à l'égard des intérêts particuliers froissés, comme l'un deux agirait à coup sûr envers les autres, s'il devait les blesser pour réussir ? Nullement. La sollicitude la plus attentive apporte à l'exécution de la mesure tous les tempéraments, tous les atermoiements possibles. Le trésor public abandonne une partie de ses droits ; la ville renonce, pour plusieurs années, à des ressources qui lui seraient bien nécessaires, puisque les nouvelles dépenses mises à sa charge doivent être immédiatement et annuellement accomplies. »

Continuons d'enchâsser les morceaux de notre mosaïque. Nous arriverons bientôt au tableau dernier qui montre les choses dans leur ensemble.

L'un des soins du Préfet de la Seine est que les comptes de son administration soient tenus dans le plus grand ordre. « Il ne m'a pas fallu moins de douze ans d'efforts continus et de corrections patientes pour arriver graduellement à l'ordonnance actuelle de nos budgets et de nos comptes, qui est imparfaite encore sans doute, comme toute œuvre humaine, mais dont l'amélioration incessante en rend l'examen de moins en moins laborieux. »

Quelle masse de capitaux n'a-t-il pas à recueillir et à employer ! Le budget de l'exercice 1867 monte à 241,653,613 fr. 30 en recettes comme en dépenses.

La partie normale de ce budget se compose des recettes et des dépenses dites ordinaires, c'est-à-dire indispensables, et des recettes et dépenses extraordinaires. D'après cette classification les recettes ordinaires seront de 143,131,184 fr. 84 et les dépenses, de 96,325,791 fr. 98 : d'où un excédant de recettes de 46,805,322 fr. 86. Au contraire les recettes extraordinaires du projet de budget montent à 12,294,488 fr. 49 et les dépenses à 59,199, 821 fr. 32. Il y a un découvert de 46,805,332 fr. 86 qui est exactement couvert par l'excédant des recettes ordinaires et ce budget normal se balance au chiffre de 155,525,613 fr. 30.

Au budget normal se rattache un compte de recettes et de dépenses supplémentaires. *Il complète* en 1867 les opérations financières de 1866 avec les ressources et pour les dépenses assignées à cet exercice. D'un côté et de l'autre le chiffre est de 25 millions.

Reste le budget spécial, celui qui avec des recettes entièrement extraordinaires et de circonstance couvre des dépenses ayant le même caractère, qui sont précisément celles des grands travaux de voirie. Pour 1867 le chiffre est de 61,128,000 francs, dont 60 millions à recevoir sur l'emprunt de 1865. Le total pour l'année donne 241,653,613 fr. 30.

Si les critiques disent que tant de travaux sont faits pour nuire à la longue au crédit de la ville ou même de l'État et pour troubler la régularité économique des situations, on répond : Des calculs certains établissent que, par suite des embellissements de Paris, les revenus de l'État ont été en 1862 dans le seul département de la Seine de 56 millions plus élevés qu'en 1853, ce qui donne un accroissement de richesse annuelle d'environ 54 pour 100.

L'addition des plus-values obtenues chaque année sur les quatre contributions directes, sur l'impôt des boissons, le timbre et l'enregistrement, en prenant 1853 pour point de départ, forme un total de 254 millions pour la période entière de dix années.

Et même, à un système d'économie financière il en a été opposé un autre dans ces termes exprès :

« Contrairement à l'opinion la plus commune, les dépenses extraordinaires ne sont pas toujours les ennemies des budgets. Elles les enrichissent, au contraire, lorsqu'elles sont faites avec intelligence, parce qu'elles produisent l'accroissement annuel du revenu, et qu'elles deviennent ainsi le moyen indirect mais sûr de couvrir les dépenses annuelles dont l'économie la plus sévère ne peut jamais réussir complétement à contenir l'expansion. Si je croyais pouvoir dire, d'une manière générale, sans aucune réserve, que le procédé le meilleur pour équilibrer un budget en déficit, à défaut d'une réduction de dépenses qu'on ne peut pas toujours obtenir, à défaut d'une création de ressources nouvelles par l'impôt devant laquelle on recule souvent, est d'élever encore les dépenses, je mériterais d'être taxé de paradoxe; mais si j'ajoutais un seul mot, si je disais que ce procédé est d'élever, au lieu de les réduire, les dépenses « productives », sur lesquelles tombent d'ordinaire les rigueurs de l'économie, parce qu'elles sont moins rebelles aux retranchements que les autres, je n'énoncerais rien de paradoxal; je proclamerais une vérité qui se fera jour avec ou sans moi. »

On le voit, l'attitude de ces actes, de ces pensées d'administration, est partout la même, et ce n'est pas le manque de décision qui est le trait distinctif de la physionomie du Préfet de la Seine.

Se plaçant toujours lui-même en arrière de l'initiative du Chef du Gouvernement, il se met toujours en avant, quand il faut couvrir ses collaborateurs, et, d'abord, le Conseil municipal de Paris :

« Un conseiller municipal de Paris n'est pas seulement l'organe des populations vis-à-vis de l'administration communale ; c'est aussi l'interprète de l'administration elle-même auprès des populations. En France, un bon acte, bien expliqué, est toujours un acte approuvé; car le sens du public y est plein de justesse et d'équité. Vous-mêmes serez en mesure de juger jusqu'au fond toutes les affaires qui vous seront soumises. Jamais je ne trouverai vos investigations trop complètes. Mon administration a, dit-on, de la hardiesse; ce qu'elle a certainement, c'est de la franchise. Montrer à découvert ses plans, c'est peut-être chez elle du courage, c'est surtout de la droiture. S'il est vrai, d'ailleurs, qu'elle connaisse tous les détails et tous les aspects de ce qu'elle traite, c'est là aussi, ce me semble, une partie de la prudence. »

Voilà ce qu'il dit d'abord pour prouver qu'il ne craint pas la publicité. Pour attester que le Conseil municipal examine, discute comme une assemblée délibérante, il dit ailleurs :

« On se fait une très-fausse idée de l'organisation effective de l'administration municipale de Paris, si l'on pense que les propositions introduites par le Préfet au Conseil municipal émanent nécessairement de de son initiative personnelle et engagent son opinion sans retour.

« Tous les services de cette grande administration ont des chefs d'une valeur incontestable qui instruisent les affaires et qui formulent des conclusions sur chacune d'elles. Pour toutes les questions importantes, ces conclusions sont soumises à des commissions spéciales prises, la plupart, dans le sein du Conseil municipal. Il y a même des commissions administratives permanentes pour certaines catégories d'affaires ; une d'elles, notamment, qui est composée de manière à donner toutes les garanties désirables au double point de vue de l'indépendance et des lumières, est chargée d'examiner et de débattre directement avec les intéressés tous les projets d'acquisition ou de vente d'immeubles.

« Le Préfet dirige et contrôle ce vaste ensemble de travaux ; mais il n'y prend, et on conçoit qu'il n'y puisse prendre de part active que dans des cas exceptionnels.

« Sans doute, il croit bonnes les propositions qu'il porte au Conseil municipal, et, lorsqu'elles sont contestées, il fait valoir les raisons qui lui ont été fournies à lui-même ou qu'a pu lui suggérer l'examen contradictoire auquel toute affaire est soumise, d'abord dans le Comité compétent, puis dans l'assemblée générale du Conseil.

« Si, jusqu'à présent, le plus grand nombre des délibérations se sont terminées par un vote favorable, cela tient assurément à l'instruction très-complète de chaque question et à l'intervention de membres du Conseil municipal, pris parmi ceux que leurs occupations ou leurs connaissances personnelles désignent naturellement dans l'examen préalable de toutes les questions importantes.

« Le Préfet sait ainsi d'avance les objections que les conclusions des chefs de service peuvent rencontrer dans l'assemblée ; et quand ces objections lui paraissent très-sérieuses, il s'abstient de passer outre ; c'est tout le secret de sa bonne entente avec le Conseil municipal. Ses propositions sont généralement accueillies avec faveur par la raison fort simple qu'elles sont conformes, autant que possible, à l'opinion pressentie du Conseil. Dans ces conditions, est-ce le Préfet qui exerce l'influence sur le Conseil, ou le Conseil sur le Préfet? Quoi qu'il en soit, les choses se passent tout autrement que beaucoup de personnes le supposent. D'ailleurs, il n'est pas sans exemple que, malgré les précautions dont elles avaient été entourées, des propositions arrivées au Conseil municipal aient été retirées, soit dans le cours de la discussion préliminaire des Comités, soit devant l'assemblée générale. Il est même des affaires délibérées auxquelles il n'a pas été donné suite, parce que la discussion, sans porter atteinte à leur caractère d'utilité, avait fait apercevoir par le Préfet des difficultés pratiques assez graves pour compenser les avantages qu'il espérait des mesures projetées. »

Et dans le sein du Conseil même, le même langage est parlé. Son Président s'exprime ainsi, par exemple :

« C'est un grand et précieux héritage que nous ont légué nos pères ; vous ne le laisserez pas dépérir en vos mains, si dignes de le conserver, et, après avoir satisfait aux soins que réclament de vous les affaires positives de la ville, vous n'oublierez pas que ses échevins sont aussi les gardiens naturels des mœurs publiques, et que, si elles sortaient dénaturées de la grande transformation qui s'accomplit, l'histoire leur en demanderait compte. »

Il n'est pas de mémoire, de rapport où le Préfet de la Seine ait tenu à mieux faire entendre sa pensée que dans un discours prononcé au Sénat, où il a mis ces plaintes, toujours d'un grand accent énergique :

« Chose étrange! s'il est une œuvre devant laquelle toutes les passions politiques devraient faire silence, vers laquelle une pensée patriotique devrait diriger tous les bons vouloirs, c'est assurément l'entreprise immense qui fera de Paris une capitale digne de la France, j'ai presque dit du monde civilisé. En effet, cette ville aimée des lettres, des sciences et des arts, qui sait en concilier le culte avec les instincts industriels et commerciaux de notre époque, le centre politique auquel l'Empereur a rendu son prestige et sa prépondérance, n'est-ce pas en toute vérité la Rome des temps modernes? Le tribut d'admiration et d'hommages que, de tous les points du globe, l'étranger vient lui payer avec un empressement qui s'accroît tous les jours, sous l'empire d'une attraction de plus en plus irrésistible, n'est-ce pas, en effet, le signe de la conquête du monde par une force plus puissante et plus durable que celle des armes, par l'influence pacifique des idées, des mœurs, des sentiments de notre pays? Ah ! si nos descendants qui béniront l'Empereur d'avoir conçu et réalisé cette grande pensée, songent jamais aux obstacles qu'avait à vaincre l'administration municipale chargée des détails de l'exécution, ils supposeront certainement que ses efforts ont été accueillis partout avec une égale faveur ; aidés par une jurisprudence bienveillante ; encouragés par les conseils et par l'appui d'une presse comprenant l'impossibilité de traverser toujours heureusement un dédale de difficultés, et plus désireuse d'excuser, de couvrir les erreurs, les fautes mêmes, que de s'en prévaloir et de s'en faire des armes d'hostilité ; enfin, vus avec sympathie et reconnaissance par toutes les classes de la société, même par celle que ses habitudes d'aisance rendent plus impatiente de toute gêne et de tout dérangement ! Vous savez ce qu'il en est au juste, et je désire, pour l'honneur de notre siècle que nos neveux n'approfondissent pas trop leurs recherches curieuses à cet égard. »

Mais l'Empereur a prouvé plus d'une fois quel prix il attache à être ainsi secondé. Lors de l'ouverture du boulevard du Prince Eugène, il a rendu ce témoignage en faveur de son lieutenant :

« J'ai voulu présider à l'inauguration de ce boulevard pour vous remercier de votre infatigable dévouement aux intérêts de la grande cité.

« Transformer la capitale en la rendant et plus vaste et plus belle, ce n'est pas seulement reconstruire plus de maisons qu'on n'en abat, fournir du travail à une foule d'industries diverses, c'est encore introduire partout des habitudes d'ordre et l'amour du beau.

« Ces rues spacieuses, ces maisons architecturales, ces jardins ouverts à tous, ces monuments artistiques, en augmentant le bien-être, perfectionnent le goût. Et si l'on songe qu'à côté de ces vastes travaux vous développez également l'assistance publique, vous multipliez les édifices religieux, les bâtiments destinés à l'éducation, on doit vous savoir un gré infini de faire tant de choses utiles sans compromettre en rien l'état prospère des finances de la ville. »

Le même jour M. Haussmann, déjà fait sénateur depuis 1857, a été promu au grade de Grand-Croix de l'ordre de la Légion d'honneur.

Ce qu'il n'est venu à la pensée de personne d'amoindrir dans les résultats obtenus par l'administration préfectorale, c'est l'œuvre d'assainissement. Aussi, en 1865, le Préfet a-t-il pu dire :

« On veut bien faire honneur aux grands travaux qui ont assaini Paris du nombre relativement peu élevé des victimes faites par le choléra, dans cette dernière invasion. Je crois assurément que, si la meilleure aération de la ville par les larges voies publiques ouvertes depuis le règne de l'Empereur, et le drainage efficace d'un nombre de plus en plus grand d'habitations par le moyen de l'extension du réseau de nos galeries souterraines et des égouts privés qui s'y embranchent, ont pu produire l'accroissement qu'on a précédemment constaté dans la durée de la vie moyenne à Paris, ces améliorations n'ont pas été non plus sans utilité réelle dans les circonstances que nous venons de traverser ; c'est un motif à joindre à tant d'autres pour persévérer courageusement dans l'œuvre multiple que nous poursuivons en commun. »

Mais arrivons au dénombrement des chiffres et des faits. Il y a, comme on l'a vu, deux budgets, deux caisses au service de la transformation de Paris. L'un des budgets et la caisse municipale subviennent aux travaux nécessaires ou facultatifs de l'entretien et de l'accroissement régulier des choses ; l'autre budget et la Caisse des travaux subviennent à l'extraordinaire qui est la vraie transformation de la capitale. Or voici ce que les derniers chiffres réunis permettent de connaître avec exactitude. En lisant cette analyse on aura une idée de l'immensité des opérations réalisées.

I. Pour les travaux dont l'exécution a été décidée par les lois du 4 octobre 1849, du 4 août 1851 et du 2 mai 1855, il avait été, le 1er janvier 1866, opéré une recette de 118,054,830 fr. 15 et fait une dépense de 259,473,035 fr. 60.

Le boulevard de Sébastopol (rive droite) et abords a coûté 85,557,120 fr. 89 ; les Halles centrales ont coûté 51,017,920 fr. 27 ; les abords du Théâtre-Français, 9,309,870 fr. 63 ; le dégagement de l'Hôtel de Ville et de la caserne Napoléon a coûté 16,984,285 fr. 47 ; le dégagement de la colonnade du Louvre, 7,706,099 fr. 56 ; la rue de Rivoli, avec la place neuve du Carrousel, 83,438,698 fr. 37 ; le projet d'un nouvel hôtel des postes, 3,939,153 fr. 92, et l'abaissement du pont Notre-Dame, 1,439,886 fr. 58.

II. Pour les travaux ordonnés par la loi du 19 juin 1857, il a été fait une recette de 32,232,610 fr. 35 et une dépense de 58,803,652 fr. 02.

Le boulevard Sébastopol ou Saint-Michel jusqu'à l'ancienne place Saint-Michel a coûté 23,778,388 fr. 65 ; le boulevard Saint-Germain, 21,761,255 fr. 21 ; la rue des Écoles, avec ses abords, 8,354,226 fr. 98 ; le prolongement de la rue des Mathurins-Saint-Jacques, 1,646,575 fr. 79 ; l'élargissement de la rue de la Sorbonne, 2,457,771 fr. 11 ; l'élargissement de la rue Saint-Jacques, 803,645 francs ; le prolongement de la rue du Cimetière-Saint-Benoît et la suppression de la rue Saint-Hilaire, 1,789 fr. 28.

III. Pour les travaux dépendant de la loi du 28 mai 1858 il a été fait une recette de 249,951,447 fr. 74 et une dépense de 304,869,740 fr. 62.

Le boulevard du Prince-Eugène a coûté 54,660,917 fr. 92 ; le boulevard Magenta, avec ses abords, 18,892,608 fr. 80 ; la rue de Turbigo, 3,530,635 fr. 58 ; l'avenue de Vincennes, 10,497,455 fr. 35 ; la rue de Rouen et le nouvel Opéra, 48,277,896 fr. 15 ; la rue de Rome, 12,878,176 fr. 57 ; le boulevard Malesherbes et ses abords, 40,594,214 fr. 54 ; le boulevard Beaujon, 19,524,352 fr. 75 ; la nouvelle place de l'Étoile, 2,928,139 fr. 63 ; le boulevard rectifié de Passy, 6,774,288 fr. 93 ; le boulevard de l'Alma (rive droite), 8,254,926 fr. 39 ; l'avenue de l'Empereur, 7,947,304 fr. 41 ; le boulevard de l'Alma (rive gauche), 5,190,744 fr. 44 ; l'avenue du Champ-de-Mars, 2,901,893 fr. 28 ; le prolongement de l'avenue de La Tour-Maubourg, 3,019,198 fr. 63 ; le boulevard Saint-Marcel, 3,130,254 fr. 73 ; l'élargissement de la rue Mouffetard, 2,459,952 fr. 28 ; le boulevard de la barrière d'Enfer à la rue Mouffetard, 2,188,028 fr. 84 ; la rue nouvelle entre la place Maubert et le carrefour des rues Mouffetard et du Fer-à-Moulin, 1,553.926 fr. 62 ; la rue nouvelle entre l'extrémité de la rue Soufflot et le carrefour ci-dessus indiqué, 4,194,074 fr. 86 ; le boulevard du Palais dans la Cité, 8,077,475 fr. 28 ; la continuation du boulevard Saint-Michel, 10,270,949 fr. 69 ; la rue Médicis, 1,839,629 fr. 99 ; la transformation de la place d'Europe, 5,629 fr. 29 ; la rue de Madrid, 465,267 fr. 76 ; l'achèvement du boulevard Magenta, 22,327,952 fr. 59 ; la rue Gay-Lussac, 2,483,845 fr. 32 ; la rue Monge (mémoire).

IV. Pour les travaux exécutés en vertu de la loi du 16 juin 1859 et de la loi du 1er août 1860 (extension des limites de Paris) il a été fait une recette de 165,379,536 fr. 73 et une dépense de 177,171,101 fr. 12.

La voie publique a coûté 62,345,447 fr. 64 ; les barrières ont coûté 5,258,835 fr. 62 ; les marchés, 86,797,927 fr. 95 ; les mairies, 5,758,879 fr. 86 ; les jardins, 26,186,534 fr. 07 ; les eaux et égouts, 38,781,566 fr. 89 ; les appareils de l'éclairage, 1,206,613 fr. 23 ; les écoles, 1,816,307 fr. 14 ; les édifices religieux, 5,106,154 fr. 80 ; le pavage neuf, 2,036,000 fr. 20.

V. En dehors de ces travaux réglés par des lois, des travaux divers ont fait opérer une recette de 144,338,983 fr. 06 et une dépense de 322,050,577 fr. 20.

Il a été dépensé, toujours à la date du 1er janvier 1866, 165,658,693 fr. 41 pour la voie publique ; 84,226,332 fr. 79 pour les édifices de l'ancien Paris ; 18,649,965 fr. 99 pour les jardins publics et les promenades ; 35,949,057 fr. 15 pour les travaux neufs des eaux et égouts, et 17,566,527 fr. 86 pour des opérations communes avec l'État, le département, les hospices, les fabriques, etc.

En tout la masse des travaux exécutés a coûté 1,122,368,106 fr. 65, dépense couverte jusqu'à concurrence de 709,957,408 fr. 03 par des recettes corrélatives.

Sur les 1,122,368,106 fr. 65 de dépense, la Caisse municipale a payé 424,457,469 fr. 83 directement, et la Caisse des travaux publics 697,910,636 fr. 82. La dépense a été fournie ainsi, quant aux ressources employées pour la couvrir : 299,205,556 fr. 08 du produit des ventes de matériaux et de terrains ; 86,283,333 fr. 33 de subventions de l'État ; 349,655,447 fr. 43 de prélèvements sur les fonds spéciaux du budget de la ville; 313,195,738 fr. 69 du produit des emprunts, et 74,028,031 fr. 12 d'avances faites par la Caisse des travaux sur sa dette particulière de bons en circulation.

Le dispositif de la loi du 12 juillet 1865 qui autorise la ville de Paris à ouvrir un nouvel emprunt de 250 millions lui impose d'affecter 200 millions aux dépenses de toute nature nécessitées par l'extension des limites de Paris, savoir : 60 millions pour les édifices religieux et hospitaliers, bâtiments municipaux, établissements scolaires; 75 pour les travaux de voirie; 32 pour les travaux de viabilité, promenades et plantations, et 33 pour les eaux et égouts. Les 30 autres millions sont applicables : 1° aux dépenses extraordinaires des édifices religieux et hospitaliers, des bâtiments municipaux et des établissements scolaires des anciens quartiers; 2° à l'achèvement de la distribution générale des eaux et du réseau des égouts; 3° et au payement anticipé par la ville à l'administration de l'Assistance publique du prix de vente de ses anciens marchés.

Maintenant l'administration elle-même, par la voix de l'un des membres les plus distingués du Conseil municipal, M. Devinck, va nous faire le détail des choses pour le montrer aux amis et aux ennemis. « Il suffira, dit-il, de placer sous leurs yeux l'énumération sommaire des principaux travaux exécutés de 1852 à la fin de 1865.

« Les nouvelles voies livrés à la circulation présentent une longueur de 82 kilomètres, et celles que l'emprunt de 1865 permet d'ouvrir présenteront une longueur de 22 kilomètres. La réunion des uns et des autres donne un nombre de plus de 200, dans lequel figurent de longues avenues, telles que celles de l'Impératrice, de la Reine-Hortense, de l'Empereur, de l'Alma, de Wagram, Daumesnil, d'Iéna, de Friedland, Joséphine, Rapp, Bosquet, Duquesne ; de magnifiques boulevards, tels que ceux de Malesherbes, Sébastopol, Saint-Michel, Magenta, du Prince-Eugène, Saint-Marcel, Port-Royal, Haussmann, du Roi de Rome, de La Tour-Maubourg, et de grandes voies, telles que les rues Lafayette, Turbigo, Auber, de Rome et autres.

« Les ponts construits ou reconstruits, de compte à demi avec l'État, sont au nombre de douze, savoir : ponts Napoléon, de Bercy, d'Austerlitz, Louis-Philippe, Saint-Louis, d'Arcole, Saint-Michel, au Change, Solférino, des Invalides, de l'Alma, du Point du Jour. En outre, la ville a racheté le pont de Grenelle.

« Le réseau des égouts s'est accru d'une longueur de 260 kilomètres; celui des égouts collecteurs portant bateau et wagon est de 37 kilomètres.

« Le réseau des conduites de distribution d'eau est augmenté de 575 kilomètres, et, de plus, la ville en a acquis 250 de la compagnie des eaux. A ces quantités il faut ajouter le réseau du bois de Boulogne et celui du bois de Vincennes.

« Le nombre des bornes-fontaines s'est accru de 1,300.

« La force des machines à vapeur et hydrauliques employées à monter l'eau a été augmentée d'une puissance de 12 à 1,400 chevaux, sans compter celle de 3 à 400 chevaux, achetée à la Compagnie des Eaux.

« L'eau de la Dhuis a été acquise et son aqueduc construit en deux ans sur une longueur de 131 kilomètres.

« La capacité des réservoirs a été agrandie de 207,000 mètres cubes ; elle n'était précédemment que de 33,000 mètres cubes. Les réservoirs construits à Passy, à Gentilly, à Charonne, à Belleville, sont aujourd'hui couverts de voûtes et les voûtes chargées de terre, ce qui permet de conserver l'eau plus pure et de la préserver des inconvénients que présentaient les anciens réservoirs, non couverts, exposés à l'action de la lumière et à toutes les variations de la température.

« La quantité d'eau distribuée chaque jour qui n'était que de 70,000 mètres en 1852, dépasse 200,000 mètres ; elle atteindra bientôt 300,000 mètres et s'élèvera à 400,000 par 24 heures, lorsque sera fait l'aqueduc des sources élevées de l'eau de la Vanne, qui sont acquises et dont le projet de dérivation va paraître à l'enquête.

« Les édifices municipaux construits depuis 1852 s'élèvent à 171 sans comprendre ni les bâtiments départementaux ni ceux qui dépendent de l'Assistance publique, subventionnée par la ville.

« Dans les anciennes limites quatre grandes églises : Saint-Augustin, Saint-Ambroise, Saint-François-Xavier, la Trinité ; dans la zone annexée, Notre-Dame-de-Clignancourt, Notre-Dame-de-la-Gare, Notre-Dame-de-la-Croix, Saint-Bernard, Saint-Pierre-de-Montrouge, et encore des portails mis à d'anciennes églises ; des presbytères : ceux de Saint-Germain-l'Auxerrois, Saint-Vincent-de-Paul, Saint-Leu, Saint-Étienne-du-Mont ; deux temples protestants et une maison consistoriale ; une synagogue dont les fondations sont faites.

« Les monuments de Paris dégagés : Louvre, Hôtel de ville, Luxembourg, Sorbonne, Palais de Cluny, Tour Saint-Jacques-la-Boucherie, Saint-Germain-l'Auxerrois, Saint-Leu, Saint-Laurent, Saint-Gervais, Saint-Nicolas-des-Champs, Saint-Nicolas-du-Chardonnet, Archives de l'Empire, Théâtre-Français.

« Les lycées Saint-Louis et Bonaparte agrandis et restaurés.

« Quatre-vingt-seize écoles nouvelles construites et un grand nombre d'autres subventionnées.

« Cinq mairies nouvelles, et, de plus, les terrains acquis pour en édifier encore cinq.

« Les casernes de la garde municipale reconstruites.

« Les nouveaux bureaux d'octroi placés aux 65 portes de Paris ; 5 bâtiments déjà faits pour loger les employés de ce service et 10 autres, qui vont être mis en adjudication.

« Les Halles centrales élevées, de nouveaux marchés couverts, d'anciens marchés rétablis sur un meilleur modèle, parmi lesquels on peut citer le marché Saint-Honoré et le marché du Temple. En cours d'exécution le grand marché à bestiaux, l'abattoir et le chemin de fer qui doit les desservir, le tout occupant 50 hectares. L'acquisition faite à Bercy, en vue de la création possible d'un deuxième entrepôt, de terrains d'une superficie de 150,000 mètres, et des constructions qui s'y trouvent.

« Les promenades et les plantations complétement transformées. Cinquante mille arbres d'alignement transplantés sur un développement de 76 kilomètres. Aux anciennes contre-allées des boulevards et des quais, où l'on ne rencontrait aucun point de repos, ont succédé des promenades dont les allées sont couvertes de bitume et garnies de bancs.

« L'éclairage public a reçu d'importantes améliorations ; la lumière répandue sur la voie a été triplée ; l'étendue des conduites de gaz a plus que doublé ; elle atteint un développement de 930 kilomètres, et la ville a fait un sacrifice considérable pour faire profiter les habitants des terrains annexés, au point de vue des abonnements privés, du même avantage dont jouissaient déjà les consommateurs de l'ancien Paris. Les becs qui se montaient à 12,000 sont au nombre de 30,000. Le bois de Boulogne a été transformé sur une surface de 873 hectares, dont plus de 30 hectares en pièces d'eau. Il en a été de même du bois de Vincennes agrandi, comprenant aujourd'hui 900 hectares, dont 22 en pièces d'eau.

« Dans l'enceinte même de la ville, on compte trois parcs qui n'occupent pas moins de 49 hectares ; l'un terminé, celui de Monceaux ; deux en cours d'exécution, celui des buttes Chaumont et celui de Mont-Souris, sur le coteau de la rive gauche de la Bièvre.

« Vingt-et-un squares ou jardins, répartis dans les divers arrondissements ; ceux de la Tour Saint-Jacques-la-Boucherie, des Innocents, des Arts-et-Métiers, du Temple, Montholon, Vintimille, Louvois, Sainte-Clotilde, Montrouge, Grenelle, Batignolles, La Chapelle et autres ; ils offrent aux habitants la jouissance d'une surface de 200,000 mètres d'ombrages ou de pelouses, sans compter 290,000 mètres de jardins autour de l'avenue de l'Impératrice, sur les plateaux des Champs-Élysées, et sur les voûtes de cette gigantesque couverture du canal Saint-Martin. Vingt-et-une nouvelles fontaines monumentales ou décoratives ont été construites.

« La transformation des anciens boulevards extérieurs est effectuée sur un développement de plus de seize kilomètres, et les terrains sont acquis pour établir sur les hauteurs de la place du roi de Rome un vaste amphithéâtre de 500 mètres de longueur sur 250 mètres de largeur. Cette place est destinée par son importance et sa situation à recevoir une décoration qui en fera bien certainement une des plus belles de Paris.

« Telle est l'énumération rapide et incomplète de ce qui a été fait pour l'assainissement et l'embellissement de la cité, ainsi que pour le bien-être de la population ; et, lorsqu'on entend tous les jours l'opinion que les étrangers manifestent à l'aspect du nouveau Paris, n'est-il pas permis de penser que la capitale de la France aura le droit de se présenter, avec une juste fierté, en 1867, au jugement du jury des nations réunies? »

L'énumération est, en effet, fort éloquente.

Puisque cette notice, ce court résumé des actes du Préfet de la Seine a pris la forme d'un tableau analytique de la situation de Paris même, il se terminera par un aperçu des conceptions financières qui semblent maintenant préoccuper l'administration.

Le président du Comité des finances, M. Devinck, a fait ainsi prévoir ce que la ville doit faire :

« Les grandes améliorations déjà effectuées ont préparé le dégrèvement en développant les revenus de la ville en même temps que ceux de l'État. Réaliser un emprunt aura nécessairement pour conséquence l'accomplissement de nouvelles améliorations qui accroîtront encore ses produits ainsi que les nôtres, et qui reconstitueront promptement le chiffre de nos excédants sur une large base.

« Alors il deviendra possible à la ville de songer conjointement avec l'État à l'abaissement de certaines taxes, en prenant, bien entendu, les mesures nécessaires pour en faire profiter les consommateurs et non les intermédiaires ; et, en agissant ainsi, on réalisera un acte profondément libéral dont nous serions heureux d'avoir eu l'initiative. Mais en suivant cette direction nous ne ferons qu'obéir à la pensée que l'Empereur exprimait aux membres du Conseil municipal à l'inauguration du boulevard Magenta :

« Je vous recommande surtout, dans l'examen du budget, de réduire, autant que les finances le permettront, les droits qui pèsent sur les matières de première nécessité. Par là vous acquerrez de nouveaux titres à ma reconnaissance ; car si la capitale du grand empire s'honore par ses monuments qui rappel·lent la gloire des armes et attestent le génie des sciences et des arts, elle ne s'honore pas moins par les institutions qui témoignent d'une sollicitude incessante pour ceux qui souffrent et d'un zèle éclairé pour les intérêts généraux de cette immense agglomération, véritable cœur de la France, qui vit, comme elle, pour sa gloire et sa prospérité. »

Dans un discours prononcé le 23 décembre 1864 à la clôture des sessions du Conseil municipal de Paris et de la Commission départementale de la Seine, M. Haussmann a dit lui-même :

« C'est quand tous les grands travaux de Paris auront en toute l'action qu'ils doivent avoir sur les recettes de la ville qu'on pourra songer à réduire celles-ci. En effet, c'est une mesure qu'on ne saurait morceler sans en compromettre les fruits. De faibles atténuations de taxe profiteraient aux intermédiaires et ne descendraient pas jusqu'aux consommateurs.

« L'allégement des charges des contribuables, qui doit être pour le noble cœur de l'Empereur la plus douce des satisfactions, me représente ces bouquets de fête que les constructeurs sont dans l'usage de mettre sur le comble du bâtiment, mais qui ne se placent qu'au terme de tous les travaux du gros œuvre.

« Lorsque nous avons osé aborder, avec une ressource libre annuelle qui n'atteignait pas 50 millions comme aujourd'hui, qui n'était guère que de 17 millions et demi, un ensemble de travaux auxquels la ville seule a déjà consacré plus de 650 millions; lorsqu'on eut essayé en vain de faire comprendre que l'accroissement de revenus produits par ces travaux mêmes pourrait suffire à tout, que n'eût-on pas dit si nous avions confié à ceux qui nous croyaient en voie de ruine complète des finances municipales que nous comptions bien arriver par ce chemin non-seulement à la splendeur de la cité, mais encore à sa richesse, et enfin à une réduction notable des charges de ses habitants! »

Et plus récemment encore :

« En 1869, la situation financière de la ville sera débarrassée du fardeau qui pèse sur elle en ce moment et dont la masse même peut assurément motiver des appréhensions sincères chez les personnes qui ne se rendent pas un compte exact de la puissance et de la fécondité de nos ressources municipales. Tout le monde comprendra mieux, d'ailleurs, la valeur réelle de l'œuvre accomplie ; on pourra en constater les lacunes, et on sera en position de juger sainement du degré d'urgence de ce qui restera en dehors du programme exécuté.

« Il sera temps alors d'examiner et de décider le parti qu'il conviendra de prendre. Continuera-t-on, sans s'arrêter, la transformation de Paris, au moyen des excédants considérables de revenu que les opérations antérieures auront produits ? Voudra-t-on, au contraire, pour donner la plus éclatante consécration à ces travaux qui n'auront coûté aucun surcroît de charges à la population, la faire bénéficier de leur résultat financier, par un dégrèvement des taxes locales ? Ou bien ne sera-t-il pas plus sage de faire une juste répartition des excédants entre les deux intérêts, de manière à conserver à l'avenir des ressources suffisantes pour aborder aussi son œuvre, tout en allégeant les taxes les plus lourdes ? »

Nous sortirions de notre cadre en prolongeant cette analyse descriptive. Il est permis de croire que, telle qu'elle est, ce n'est pas un tableau sans intérêt. M. Haussmann ne doit vouloir, pour récit de sa vie, d'autres historiens que ses actes. Il les laisse à juger et continue son œuvre.

Paris. — Typographie du Ad. Lainé et J. Havard, rue des Saints-Pères, 19.

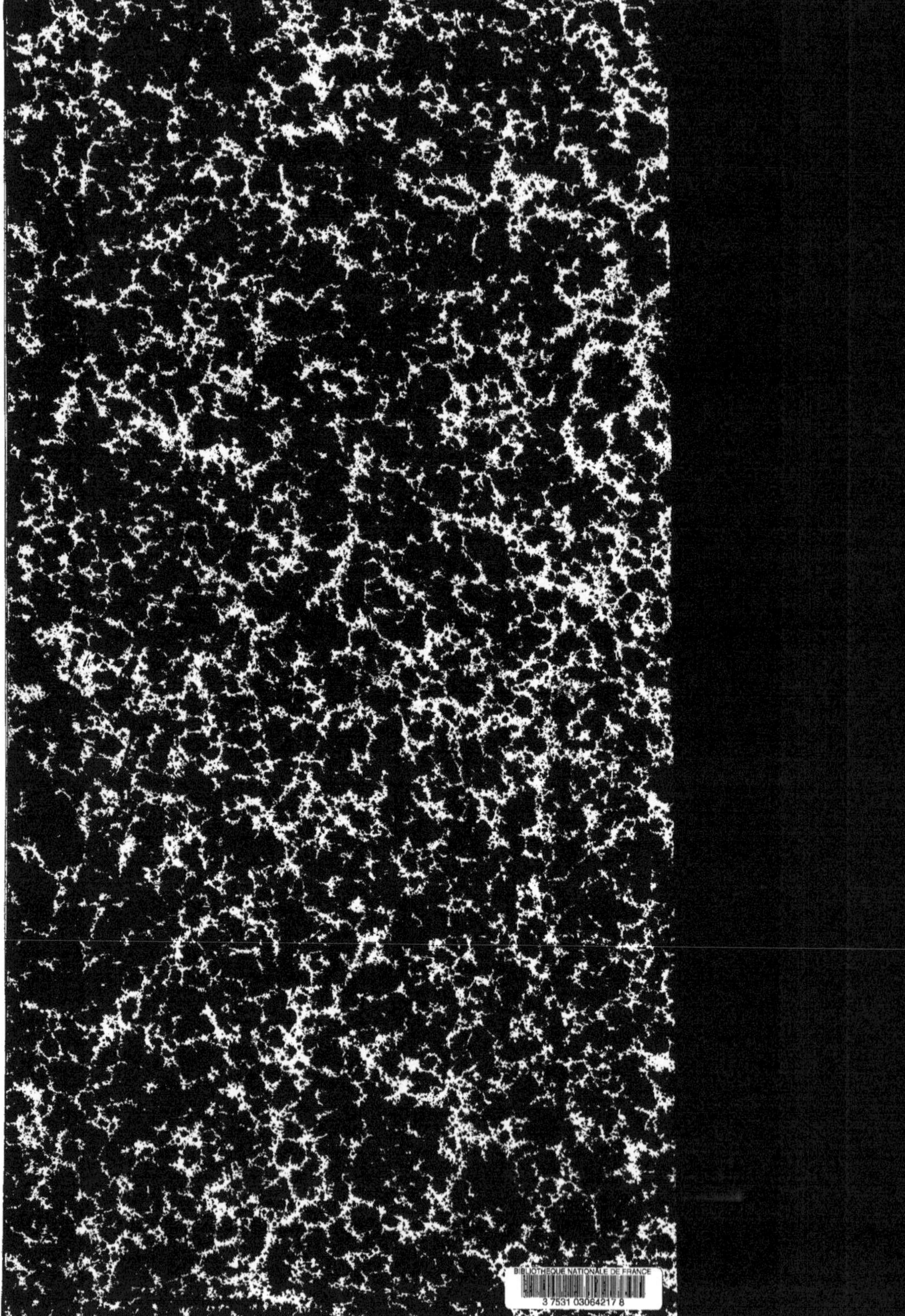

9 782014 432039